Fiche **notion**

Par Alberto Molina

Le vivant

lePetitPhilosophe.fr

Associez chaque citation à l'explication qui lui correspond.

Choisissez un sujet bac et construisez le plan de votre dissertation en y associant, si possible, certaines des citations et des explications reprises ci-dessus.

INTRODUCTION

Le vivant pose d'abord **un problème de définition**. Nous savons tous ce que cela fait d'être vivant, mais nous avons du mal à dire ce que c'est. Nous distinguons intuitivement les êtres vivants des objets inertes, mais nous ne savons pas sur quoi repose cette distinction. Nous sommes capables de déterminer si un individu est vivant ou mort, mais nous ne savons pas en quoi cela consiste réellement.

Le vivant soulève ensuite **des problématiques multiples** : peut-on en faire un objet de science ? A-t-on le droit de le manipuler à notre guise ? Peut-on le fabriquer en laboratoire ? Peut-on le simuler par ordinateur ? La matière vivante est-elle différente de la matière inerte ? La vie existe-t-elle ailleurs dans l'univers ? Est-elle apparue sur Terre par nécessité ou par hasard ? ...

La plupart de **ces questions sont pleinement d'actualité**. Et pour la première fois dans l'histoire de l'humanité, nous avons les connaissances et les capacités techniques suffisantes pour leur apporter des réponses concrètes. Jamais notre connaissance des origines et du fonctionnement de la vie n'a été aussi avancée qu'aujourd'hui. Des laboratoires du monde entier se font la course pour être les premiers à créer des formes de vie artificielles ou pour manipuler celles que nous connaissons déjà. Pendant ce temps, les astronomes recherchent sur Mars, et ailleurs dans l'univers, les signes d'une vie extraterrestre. Pourtant, ni les uns ni les autres ne savent exactement ce qu'ils cherchent car **la définition du vivant reste insaisissable**. Au-delà des interrogations scientifiques se pose donc une question philosophique.

<u>Niveaux de lecture :</u>

- *** : incontournable
- ** : à ne pas négliger
- * : pour approfondir

APPROCHES DE LA NOTION

LA QUESTION DE LA NATURE DU VIVANT

L'âme est le moteur de la vie ***

Aristote (384-322 av. J.-C.) est l'un des premiers philosophes à proposer une définition générale de la vie : **les êtres vivants se distinguent des objets inanimés par le fait qu'ils sont capables de mouvements autonomes**, c'est-à-dire de se déplacer seuls (surtout les animaux) et de se transformer par eux-mêmes (notamment à travers la croissance) <u>(citation 1)</u>.

Pour Aristote, la nature est un tout, c'est-à-dire que toutes les choses, vivantes ou inertes, sont constituées par les mêmes éléments naturels. Ce qui les différencie, c'est leur forme. Plus précisément, **toutes les choses sont faites de matière et de forme**, lesquelles sont indissolublement unies. Cette doctrine est appelée « hylémorphisme ».

Pour Aristote, **la forme caractéristique des êtres vivants est l'âme**. Il en distingue trois sortes :

- **l'âme végétative ou nutritive**, propre aux plantes, leur permet de se nourrir, de croitre et de se reproduire ;
- **l'âme sensitive et motrice**, propre aux animaux, leur permet de sentir, de désirer et de se mouvoir ;
- **l'âme intellective**, propre aux humains, leur permet de penser et de connaitre.

Enfin, selon la philosophie aristotélicienne, **les êtres vivants**

ont non seulement une matière et une forme, mais aussi un *ergon*, c'est-à-dire une finalité, une fonction, une tâche à accomplir qui les caractérise : ils existent pour accomplir cette tâche, pour réaliser cette fonction. Leur finalité est ce qui les définit, autrement dit leur essence. De même que l'essence d'un couteau est de (bien) trancher et que l'essence de l'œil est de (bien) voir, l'essence d'un végétal est de (bien) se nourrir, croitre et se reproduire, et celle d'un être humain est de (bien) penser. Autrement dit, **la finalité (*ergon*) des êtres vivants est de réaliser leur essence, laquelle correspond à leur âme ou forme caractéristique**.

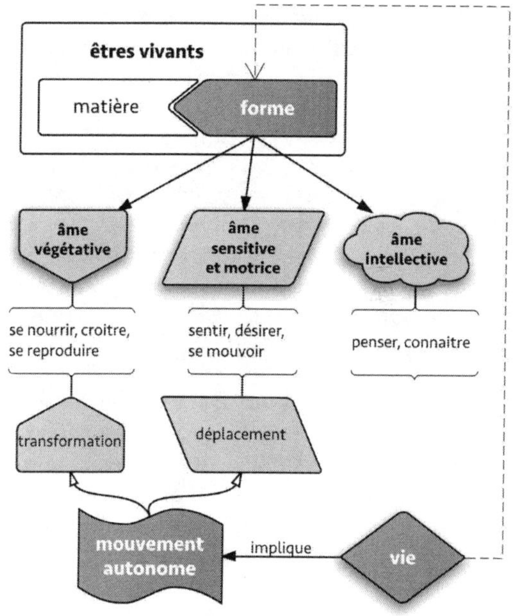

Le vivant conçu comme une machine ***

La philosophie d'Aristote exerce une profonde influence durant toute l'Antiquité et le Moyen Âge, mais elle est remise en question, puis rejetée totalement par les pionniers des sciences modernes aux XVIe et XVIIe siècles. Ces derniers contestent notamment la finalité qu'Aristote attribue aux êtres vivants, ainsi que la notion d'âme qui leur est associée.

Avec l'essor de la physique mathématique, **les penseurs matérialistes et les mécanistes, en particulier, prétendent que tout est explicable à partir des seules lois de la mécanique** qui sont les lois du mouvement des corps matériels dans l'espace.

René Descartes (1596-1650) est l'un des premiers philosophes à comparer les plantes et les animaux à des machines très sophistiquées. En effet, il conçoit l'univers tout entier comme un grand système mécanique comparable à une horloge : à ses yeux, les objets qui le composent, y compris **les animaux et le corps humain, ne sont rien d'autre que des machines, des automates** (citation 2).

D'après Descartes, **l'homme se distingue cependant des autres animaux parce qu'il a une âme**. Mais contrairement à Aristote, pour qui l'âme est l'essence ou la forme caractéristique de tous les êtres vivants (laquelle se trouve nécessairement unie à la matière qui les compose), la notion d'âme chez Descartes correspond davantage à la signification chrétienne : c'est une substance spirituelle, de nature divine, qui ne relève pas de la matière ni de ses lois.

Descartes estime ainsi qu'**il existe deux substances bien distinctes** :

- **la matière**, qui ne possède que deux attributs : l'étendue spatiale et le mouvement ;
- **l'âme, qui est l'apanage de l'homme**. Elle commande la pensée, le langage et les mouvements volontaires.

L'homme est donc à la fois constitué d'un corps matériel

et d'une âme immatérielle. Les autres animaux et les plantes, en revanche, n'ont pas d'âme : la vie et l'ensemble des phénomènes du vivant se réduisent aux mouvements mécaniques des particules de matière.

S'il y a tout de même un principe de vie dans la philosophie cartésienne, c'est un principe de mouvement qui trouve sa source dans la chaleur générée par le cœur. En effet, Descartes explique que **le cœur est le foyer d'un feu qui se transmet au reste du corps à travers le sang** et met en mouvement les membres et les organes.

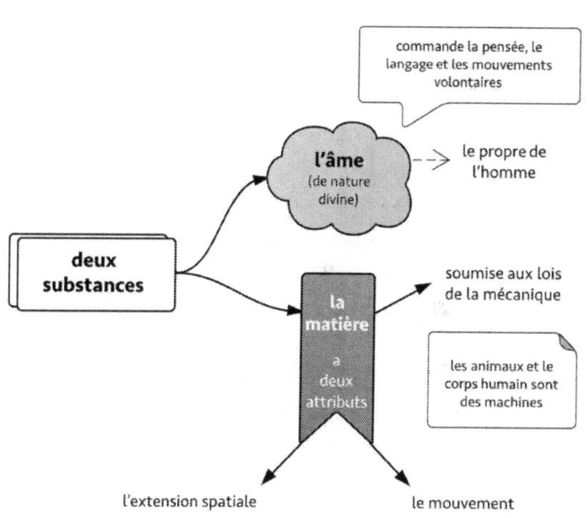

Le vivant conçu comme un être organisé ***

Selon **Emmanuel Kant** (1724-1804) :

- d'un côté, nous pouvons chercher à expliquer tous les objets matériels à partir de simples lois mécaniques (c'est ce que prétend Descartes) ;
- d'un autre côté, il semble impossible d'expliquer certains objets matériels à partir des seules lois de la mécanique. En effet, **les êtres vivants sont des êtres organisés, des organismes, et ils semblent exister en vue d'une fin**.

La notion d'organisme fait référence à l'organisation particulière des êtres vivants. Contrairement à une machine, qui est organisée et fabriquée par quelqu'un d'autre, **le vivant s'organise lui-même** : son organisation ne lui est pas imposée de l'extérieur mais obéit à une espèce de plan interne (citation 3). Lorsqu'il se reproduit, le chêne engendre un autre chêne pareil à lui-même. Et lorsqu'il se nourrit, le chêne transforme les éléments étrangers dont il s'alimente pour les intégrer à son être : c'est ainsi que l'air et l'eau deviennent tronc et feuilles.

D'après Kant, **on ne peut pas expliquer l'organisation des êtres vivants sans faire référence à une finalité interne**. À la différence des machines, qui existent pour satisfaire aux besoins de ceux qui les ont créées, les êtres vivants existent pour eux-mêmes, et sont organisés pour maintenir et pour perpétuer leur propre existence. L'organisme, vu comme un tout, dépend du fonctionnement de ses organes, et les organes dépendent à leur tour de l'organisme dans son ensemble : les parties engendrent et déterminent le tout, et elles sont en même temps engendrées et déterminées selon l'idée du tout (le plan interne). Ainsi, **le tout et les parties apparaissent réciproquement comme un moyen et une fin**.

Kant ne rejette pas le mécanisme de Descartes comme principe pour la recherche scientifique, mais il montre que dans certains cas, le recours à l'idée de finalité est tout aussi valable. Il s'agit de deux manières différentes de connaitre la même réalité. Ce sont deux points de vue complémentaires qui guident notre connaissance complète de la nature et peuvent coexister dans son explication.

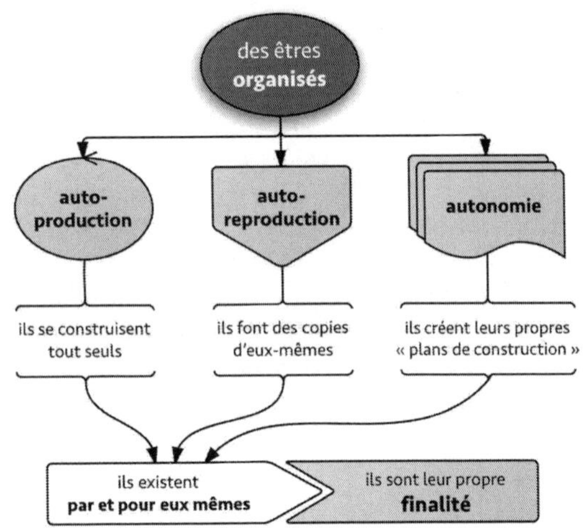

Le vivant conçu comme élan vital **

Le mécanisme de Descartes est très mal accueilli par de nombreux penseurs qui, à partir du XVIIIe siècle, élaborent une doctrine opposée, le **vitalisme**, qui se présente comme l'héritière d'Aristote. Les vitalistes défendent l'une ou l'autre des affirmations suivantes :

- le vivant, composé de matière organique, est essentiellement différent de la matière inerte ;
- le phénomène de la vie ne peut être expliqué à partir des seules lois de la mécanique ;
- les êtres vivants sont animés par une force vitale faisant

office de principe organisateur à l'origine de la finalité qui les caractérise.

Henri Bergson (1859-1941) est l'un des derniers défenseurs du vitalisme. Dans *L'Évolution créatrice* (1907), il explique que l'élan vital est le moteur de l'évolution du vivant. **L'élan vital est une force créatrice et imprévisible qui organise la matière et la fait évoluer vers des formes toujours plus complexes** (citation 4). Il est ainsi responsable, tout d'abord, de la distinction entre les plantes et les animaux qui évoluent quant à eux dans différentes directions : tandis que certains, comme les mollusques, restent à un stade primitif, d'autres découvrent la voie de l'intelligence, à l'instar de l'homme. Son explication de l'origine et de l'évolution des espèces s'oppose par conséquent à celle de Darwin.

Pour Bergson, **l'existence en général est un processus d'« autocréation indéfinie »**. La réalité n'est donc pas un ensemble de choses soumises à des lois physiques mais un ensemble d'actions engendrées par cette énergie créatrice ou élan vital.

LE VITALISME

Le vitalisme fut remis en question par une série de **découvertes scientifiques** avant d'être finalement abandonné :

- en 1828, le chimiste Friedrich Wöhler réussit pour la première fois à fabriquer en laboratoire une molécule organique, l'urée, à partir d'un composé minéral ;

- en 1859, le biologiste Charles Darwin explique l'origine et l'évolution des êtres vivants à partir de la sélection naturelle ;
- en 1953, Francis Crick et James Watson découvrent la structure de l'ADN, la molécule qui contient toute l'information génétique des êtres vivants.

L'EXPLICATION DE LA COMPLEXITÉ DU VIVANT

L'intervention divine comme seule explication **

Pour le théologien **William Paley** (1743-1805), il est inconcevable que la complexité du vivant puisse résulter de causes naturelles. Il formule, en 1802, un **argument créationniste** très influent à son époque : si, en observant une montre, nous déduisons de l'organisation complexe des pièces qui la composent qu'elle a été fabriquée par un horloger, alors en observant l'organisation encore plus complexe des êtres vivants, nous devons en déduire qu'ils sont l'œuvre d'un créateur intelligent. Initialement, cet argument a pour but de démontrer **l'existence d'un Dieu créateur** à partir du constat que les éléments qui composent les organismes, comme ceux d'une montre, sont assemblés avec une intention, un dessein, une finalité (citation 5).

LE CRÉATIONNISME

Le **créationnisme** considère que la vie est un mystère qui dépasse notre entendement et que la seule explication de l'origine des êtres vivants est une intervention divine. Conformément au récit biblique, Dieu aurait créé séparément toutes les espèces telles que nous les connaissons aujourd'hui.

Une évolution par le biais de transformations au cours de la vie *

Pour le naturaliste français **Jean-Baptiste de Lamarck** (1744–1829), la complexité du vivant peut s'expliquer par une évolution progressive au cours de plusieurs générations. Sa **théorie transformiste** défend l'idée que les organismes peuvent transmettre à leurs descendants les traits qu'ils ont acquis au cours de leur vie (citation 6).

LE TRANSFORMISME

Le **transformisme** soutient, contrairement au créationnisme, que les espèces n'ont pas été créées une fois pour toutes ni séparément : elles seraient issues les unes des autres et évoluent au cours du temps.

Une évolution par le biais de la sélection naturelle ***

Charles Darwin (1809-1882) connaissait bien l'argument créationniste de Paley ainsi que la théorie transformiste de Lamarck. Ses propres observations confirmaient l'idée d'une évolution progressive des êtres vivants mais suggéraient un modèle différent. En 1859, il publie *L'Origine des espèces* où il expose un modèle d'évolution différent de celui de Lamarck.

Selon Darwin, **les petites variations à la naissance entre individus font que certains ont plus de chances que d'autres de survivre et de se reproduire** et, par conséquent, ont plus de chances de transmettre ces mêmes caractéristiques à leurs descendants. L'évolution des espèces est le résultat de l'accumulation de ces petites variations au cours de centaines ou de milliers de générations.

L'originalité de sa théorie repose sur :

- la lutte pour la vie et la compétition sexuelle comme moteurs de l'évolution ;
- l'adaptation au milieu comme facteur principal de la sélection naturelle (citation 7) ;
- la théorie des variations fortuites à la naissance qui réserve une place importante au hasard ;
- la transmission héréditaire de ces variations fortuites (lorsqu'elles ont été sélectionnées par le milieu).

Dans la première moitié du XXe siècle, les biologistes ont complété et prolongé la théorie darwinienne pour donner naissance à la théorie synthétique de l'évolution, actuellement en vigueur.

LA THÉORIE SYNTHÉTIQUE DE L'ÉVOLUTION

La **théorie synthétique de l'évolution** applique les mécanismes de la sélection naturelle à l'échelle des populations (alors que Darwin avait tendance à parler des individus) et elle explique l'hérédité à partir de la génétique (que Darwin ignorait).

LA DÉFINITION DU VIVANT EN QUESTION

La connaissance du vivant n'est pas réservée à la biologie. Les mathématiques, la physique, la chimie et même l'astronomie s'en mêlent également pour faire de ce concept un objet multidisciplinaire.

Cependant, malgré l'avancée extraordinaire des connaissances scientifiques et techniques, rien ne garantit que le vivant soit entièrement explicable par les sciences. Chaque découverte suscite de nouvelles interrogations et rien ne permet de penser que nous arriverons un jour à tout savoir. De plus, rien ne prouve que la démarche scientifique est la seule ou la meilleure manière d'aborder certaines questions.

Y a-t-il une seule définition possible du vivant ? *

La biologie s'est constituée autour de **l'idée qu'il existe quelque chose de commun à tous les êtres vivants**, quelque chose qui permet de les reconnaitre au premier coup d'œil et de les distinguer intuitivement de la matière inerte. Pourtant, depuis 25 siècles, **aucune définition du vivant n'a encore réussi à s'imposer**. Beaucoup de scientifiques parmi les plus éminents refusent même de se poser la question, comme si la vie et sa définition sortaient du cadre de la démarche scientifique, comme si la biologie n'avait pas besoin de ce concept <u>(citation 8)</u>.

Quant aux autres, ils semblent incapables de se mettre d'accord.

Les **différentes définitions** du vivant peuvent être regroupées en plusieurs catégories :

- **physiologique** : les êtres vivants sont des systèmes capables de réaliser un certain nombre de fonctions (alimentation, excrétion, respiration, croissance, mouvement, reproduction, etc.). Mais si nous étions capables de fabriquer un robot mécanique remplissant toutes ces fonctions, serait-il vivant ? ;
- **métabolique :** les êtres vivants sont des objets aux contours définis qui échangent continuellement du matériel et de l'énergie avec leur environnement sans perdre leurs propriétés. Mais la flamme d'une bougie pourrait satisfaire cette définition ;
- **biochimique :** les êtres vivants sont des systèmes basés sur la chimie du carbone qui contiennent une information héréditaire encodée dans des molécules d'acide nucléique et qui sont dotés d'un métabolisme contrôlé notamment par des enzymes. Mais des créatures extraterrestres pourraient avoir des systèmes biochimiques différents ;
- **thermodynamique :** les êtres vivants sont des systèmes qui échangent de la matière et de l'énergie avec leur environnement, qui se situent hors de l'équilibre thermodynamique (c'est-à-dire par exemple qu'ils conservent une température corporelle supérieure à celle du milieu) et dont l'organisation interne reste stable dans le temps. Mais d'autres phénomènes physiques non vivants répondent à cette définition, comme les tornades ;
- **darwinienne :** la vie est un système capable d'évolution par sélection naturelle. Mais cette définition s'applique aussi à des objets que nous ne reconnaissons pas comme vivants : les cristaux d'argile, les virus biologiques, les

virus informatiques, etc. ;

- **autopoïétique :** les êtres vivants sont des systèmes moléculaires fermés par une membrane qui s'autoproduisent eux-mêmes de l'intérieur.

Il n'existe aucune liste de critères qui soient à la fois nécessaires et suffisants, et aucune définition qui soit libre de contrexemples. L'une des plus populaires dans le milieu de la recherche sur les origines de la vie et sur la vie extraterrestre est celle de la NASA, qui combine les éléments autopoïétique et darwinien : « La vie est un système chimique auto-maintenu capable d'évolution darwinienne. » Mais cette définition ne fait pas non plus l'unanimité.

La définition du vivant relève-t-elle de la démarche scientifique ? *

On se rend bien compte qu'**il existe une tension entre une compréhension intuitive de la vie**, que tout le monde partage, **et son explication scientifique** :

- l'explication scientifique doit être universelle et exacte,
- tandis que la compréhension intuitive est liée à notre propre constitution biologique et à la nécessité de distinguer rapidement le vivant du non-vivant pour reconnaitre les proies, les prédateurs et les partenaires sexuels.

La nature nous a ainsi dotés d'une faculté très fiable et très efficace en milieu naturel, mais ni exacte, ni infaillible, ni universelle. Les défaillances de cette capacité naturelle se font sentir dès qu'on s'éloigne des types d'êtres vivants qui nous sont familiers et qu'on se dirige vers des organismes de plus en plus petits, à fortiori quand il s'agit d'entités qui n'existent pas de façon naturelle sur la Terre.

Dès lors, **on peut se demander, d'une part si la vie est un concept définissable et d'autre part, si la distinction entre le vivant et l'inerte est scientifiquement pertinente**. En effet, la distinction entre le vivant et l'inerte nous est dictée par l'intuition mais, jusqu'à présent, les scientifiques sont incapables de se mettre d'accord sur une liste de critères objectifs qui justifient cette distinction. Comme l'explique le philosophe **Michel Morange** (1950), il n'est pas évident que les êtres vivants soient une réalité objective, et non le fruit d'une décision commune de classer certains objets dans une catégorie à part. Autrement dit : comment savons-nous que la vie est une réalité et pas une catégorie ? La vie est une idée fondatrice de la biologie, mais cette dernière s'en est écartée au fur et à mesure de son développement. Plus la biologie progresse et se spécialise dans la connaissance intime des organismes et de leurs parties, plus la vie en tant que telle s'efface de son champ de vision. La biologie devient une science de la vie sans la vie. Elle n'est donc pas en mesure de dire ce qu'est la vie ni si elle existe vraiment.

Pour **Aristote**, les êtres vivants sont des êtres animés, c'est-à-dire capables de changements (croissance, mouvement) dont le moteur est l'âme, et ces changements ont une finalité.

Descartes identifie les êtres vivants à des machines et affirme que leur fonctionnement est explicable par les seules lois de la mécanique.

Kant montre que l'on ne peut pas expliquer l'autoorganisation des êtres vivants sans faire référence à une finalité interne. Selon lui, les principes de causalité mécanique et de finalité correspondent à deux manières différentes et complémentaires de connaitre la même réalité.

Bergson défend l'idée que la vie et le vivant sont irréductibles aux lois de la matière et que leur évolution repose sur un élan vital, une force créatrice à l'origine de l'évolution des formes dans l'univers.

La théorie darwinienne de l'évolution des espèces au moyen de la sélection naturelle ouvre la porte à l'étude scientifique du vivant. Avec le développement de la biologie moléculaire et la contribution d'autres disciplines scientifiques, la connaissance du vivant connait des avancées spectaculaires au cours du XXe siècle.

Malgré les progrès des connaissances et des techniques, la définition du vivant reste insaisissable, à tel point que l'on peut se demander si la question « qu'est-ce que la vie ? »

relève de la démarche scientifique.

POUR ALLER PLUS LOIN

- ARISTOTE, *Traité de l'âme*, traduction de Richard Bodéüs, Paris, GF-Flammarion, 1999.
- BERGSON H., *L'Évolution créatrice*, Paris, PUF, 2007.
- BERNARD C., *Introduction à l'étude de la médecine expérimentale*, Paris, Flammarion, 2008.
- BERSINI H. et REISSE J., *Comment définir la vie ?*, Paris, Vuibert, 2007.
- CANGUILHEM G., *La Connaissance de la vie*, Paris, Vrin, 1992.
- Centre national de documentation pédagogique, « L'évolution des espèces », http://www.cndp.fr/evolution-des-especes/accueil.html
- CHANGEUX J.-P., *L'Homme neuronal*, Paris, Hachette, 1984.
- DARWIN C., *L'Origine des espèces*, traduction d'Edmond Barbier, Paris, GF-Flammarion, 2008.
- « Darwin », http://www.cnrs.fr/darwin/
- DESCARTES R., *Les Principes de la philosophie*, Paris, Vrin, 2009.
- « D'où vient la vie ? », http://www.cnrs.fr/fr/pdf/jdc/264/index.html#/20/
- Encyclopédie de la vie, http://eol.org
- « Évolution : de l'origine de la vie aux origines de l'homme », http://www.cnrs.fr/cw/dossiers/dosevol/accueil.html
- JACOB F., *La Logique du vivant. Une histoire de l'hérédité*, Paris, Gallimard, 1970.
- JACOB F., *Le Jeu des possibles. Essai sur la diversité du*

vivant, Paris, Fayard, 1981.
- KANT E., *Critique de la faculté de juger*, traduction d'Alexis Philonenko, Paris, Vrin, 1993.
- LAMARCK (J.-B de MONET, chevalier de), *Philosophie zoologique*, Paris, Flammarion, 1994.
- « Lamarck », http://www.lamarck.cnrs.fr/
- MICHAUD Y. (éd.), *Université de tous les savoirs. Volume 1 : Qu'est-ce que la vie ?*, Paris, Odile Jacob, 2000.
- MONOD J., *Le Hasard et la Nécessité*, Paris, Seuil, 1970.
- PICHOT A., *Histoire de la notion de vie*, Paris, Gallimard, 1993.
- ROSNAY J. (de), *Les Origines de la vie. De l'atome à la cellule*, Paris, Seuil, 1966.
- SCHRÖDINGER E., *Qu'est-ce que la vie ?*, Paris, Seuil, 1993.

TESTEZ VOS CONNAISSANCES !

Citations

- **Citation 1 :** « Nous entendons par vie le fait de se nourrir, de croître, et de dépérir par soi-même. » (ARISTOTE, *Traité de l'âme*, Paris, GF-Flammarion, 1999, livre II, chapitre I, paragraphe III)
- **Citation 2 :** « Je ne reconnais aucune différence entre les machines que font les artisans et les divers corps que la nature seule compose. » (DESCARTES R., *Les Principes de la philosophie*, Paris, Vrin, 2009, partie IV, paragraphe 203)
- **Citation 3 :** « Ainsi un être organisé n'est pas simplement machine, car la machine possède uniquement une force motrice ; mais l'être organisé possède en soi une force formatrice qu'il communique aux matériaux, qui ne la possèdent pas [...] et qui ne peut pas être expliquée par la seule faculté de mouvoir (le mécanisme). » (KANT E., *Critique de la faculté de juger*, Paris, Vrin, 1993, p. 297)
- **Citation 4 :** « [Il existe] un élan originel, je veux dire [une] poussée intérieure qui porterait la vie, par des formes de plus en plus complexes, à des destinées de plus en plus hautes. » (BERGSON H., *L'Évolution créatrice*, Paris, PUF, 2007, chapitre II)
- **Citation 5 :** « Si vous trouvez une montre, vous ne doutez pas qu'elle a été fabriquée par un horloger. De même, si vous considérez un organisme un peu complexe, avec l'évidente finalité de tous ses organes, comment

ne pas conclure qu'il a été produit par la volonté d'un Créateur ? » (résumé de l'argument de William Paley, in JACOB F., *Le Jeu des possibles : essai sur la diversité du vivant*, Paris, Fayard, 1981, p. 32)

- **Citation 6** : « Tout ce qui a été acquis, tracé ou changé dans l'organisation des individus pendant le cours de leur vie, est [...] transmis aux nouveaux individus qui proviennent de ceux qui ont éprouvé ces changements. » (LAMARCK J.-B. de MONET, chevalier de), *Philosophie zoologique*, Paris, Flammarion, 1994, p. 230)
- **Citation 7** : « Les espèces qui survivent ne sont pas les espèces les plus fortes, ni les plus intelligentes, mais celles qui s'adaptent le mieux aux changements. » (DARWIN C., *L'Origine des espèces*, Paris, GF, 2008).
- **Citation 8** : « Qu'est-ce que la vie ? Cette question n'a pas de réponse ! » (François Jacob, in MICHAUD Y. [éd.], *Université de tous les savoirs. Volume 1 : Qu'est-ce que la vie ?*, Paris, Odile Jacob, 2000, p. 23)

Explications

- **Explication a** : les caractéristiques biologiques qu'un individu a acquises au cours de sa vie sont transmises à ses descendants.
- **Explication b** : l'adaptation des êtres vivants à leur milieu naturel est l'un des moteurs de l'évolution car les espèces les mieux adaptées ont plus de probabilités de survivre et de se reproduire.
- **Explication c** : on ne peut pas expliquer la complexité des êtres vivants sans faire appel à un créateur intelligent.
- **Explication d** : les êtres vivants ne sont rien d'autre que

des machines.

- **Explication e :** les biologistes étudient les êtres vivants particuliers mais pas la vie en général, c'est-à-dire qu'ils s'intéressent à ses manifestations concrètes mais pas à la vie en elle-même ; cette dernière notion ne relève pas de la démarche scientifique.
- **Explication f :** contrairement aux machines, les êtres vivants ne sont pas organisés par une main extérieure, mais s'organisent eux-mêmes.
- **Explication g :** la vie est une énergie qui organise la matière, qui la fait évoluer vers des formes de plus en plus complexes.
- **Explication h :** les êtres vivants se caractérisent avant tout par leur capacité de changement.
- **Explication i :** à l'heure actuelle, les scientifiques sont incapables de se mettre d'accord sur une définition de la vie unique.
- **Explication j :** les êtres vivants se caractérisent par leur finalité : ils ont une fonction à accomplir.

CHOISISSEZ UN SUJET BAC ET CONSTRUISEZ LE PLAN DE VOTRE DISSERTATION EN Y ASSOCIANT, SI POSSIBLE, CERTAINES DES CITATIONS ET DES EXPLICATIONS REPRISES CI-DESSUS.

- Une connaissance scientifique du vivant est-elle possible ? (bac L 2008)
- Le vivant peut-il être considéré comme un objet technique ? (bac L 2007)

- Connait-on la vie ou bien connait-on le vivant ?
- Le changement est-il essentiel à la vie ?
- Le vivant a-t-il des droits ?
- En quoi la connaissance du vivant contribue-t-elle à la connaissance de l'homme ?
- La vie peut-elle être créée par ordinateur ?
- Faut-il imposer des limites à l'expérimentation sur le vivant ?
- La connaissance du vivant doit-elle être soumise à une exigence éthique ?
- La raison peut-elle comprendre le vivant ?

Rendez-vous sur lepetitphilosophe.fr et découvrez :

Plus de 1200 analyses
Claires et synthétiques
Téléchargeables en 30 secondes
À imprimer chez soi

www.lepetitphilosophe.fr

ISBN version numérique : 978-2-8062-4447-5
ISBN version papier : 978-2-8062-4424-6
Dépôt légal : D/2017/12603/578

Schémas réalisés par Alberto Molina Pérez,
doctorant en philosophie des sciences (Université
Paris I-Panthéon-Sorbonne)

Conception numérique : Primento,
le partenaire numérique des éditeurs.

Made in the USA
Monee, IL
07 July 2026